AF188925

Die Konfrontation

Gedankenspiele

Band 1

Jan Kern

Die Konfrontation

Gedankenspiele

Band 1

Bibliografische Information Der Deutschen Bibliothek:
Die Deutsche Bibliothek verzeichnet diese Publikation in der
Deutschen Nationalbibliografie; detaillierte bibliografische Da-
ten sind im Internet über www.ddb.de abrufbar.

Cover: Nadja Timm
Layout: SichelWerk

1.Auflage
© 2020 – Jan Kern
Herstellung und Verlag: BoD - Books on Demand, Nor-
derstedt
ISBN 978-3-751-14869-2

Alle vorkommenden Namen, Orte und Handlungen sind frei
erfunden. Ähnlichkeiten mit lebenden, toten oder untoten Per-
sonen sind rein zufällig, nicht beabsichtigt, aber teilweise un-
vermeidbar.

MIX
Papier aus verantwortungsvollen Quellen
Paper from responsible sources
FSC® C105338
FSC
www.fsc.org

Das Vorwort zur Konfrontation

Mache Dir beim Lesen dieser Zeilen stets bewusst, die hier im Werk verfassten Gedichte sind eine Transparenz all unserer Gedanken!

Denn alles ist eine Konfrontation unseres Lebens, nämlich mit unserer Umwelt, mit unserer Gesellschaft und letztlich auch mit sich selbst.

Begreife diese Tatsache, sonst hast Du alles verloren!

Daher stelle Dich nun dieser Konfrontation!

Dabei bedenke, eine Umkehr ist ab jetzt nicht mehr möglich!

Jedoch ist am Ende dieses Vorworts auch die Möglichkeit erwähnt, dass man eventuell alles gewinnen kann, indem man durch das Umblättern auf die nächste Seite des Buches die Risikobereitschaft signalisiert, die Herausforderung der Konfrontation tatsächlich anzunehmen.

(Ende 1999 / Anfang 2000)

Warum schreibe ich?

Häufig stelle ich mir die Frage: „Warum schreibe ich"?

Ich erkenne: „Alles, was ich tue, beruht auf die Verzweiflung über eine absurde Welt".

Dabei lautet mein Motto: „Sei nie nur Zuschauer"!

Denn schweigen tötet.

Ein Mörder möchte ich jedoch nicht sein.

Darum schreibe ich.

(Sommer 2000)

Die Botschaften meiner Gedichte

Ich mag Dinge, deren Oberfläche eine Geschichte haben.

Dabei ist es für mich verführerisch, diese Oberfläche
Stück für Stück freizulegen.

In meinen Gedichten grabe ich quasi zuerst die Botschaf-
ten der Kunst, der Gefühle, der Philosophie und der Ge-
sellschaftskritik aus, und dann kann es passieren, dass ich
sie hin und wieder doch verdecke.

Mein Werk „Die Konfrontation" möchte ich in diesem
Zusammenhang nicht nur als Anklage, sondern auch als
Parabel über Macht und Machtlosigkeit, Selbst- und
Fremdbild verstanden wissen.

Es ist mir auch wichtig, dass ich mir von anderen Men-
schen keine Etiketten aufkleben lasse.

Denn ein Etikett hat stets die fatale Konsequenz der Ein-
seitigkeit, der Blindheit und kann darüber hinaus tödlich
für jede künstlerische Kreativität sein.

(Sommer 1999)

Die Entstehung meiner Gedichte

Jedes meiner Gedichte entsteht entweder aufgrund einer emotionalen Stimmung, einer angeregten Diskussion sowie einer persönlichen Erfahrung und Beobachtung.

Daraus konstruiere ich ein Gerüst der Gedanken, welches ein Gedicht wie ein Puzzle Stück für Stück zusammensetzt.

Am Ende habe ich ein in sich geschlossenes Werk mit dem Titel „Die Konfrontation" geschaffen, wobei aber jedes einzelne Gedicht für sich allein bestehen kann.

Dabei beschäftigt mich oftmals die Frage, warum ich eigentlich diese Gedichte schreibe.

Vielleicht schreibe ich diese Gedichte, um Gedanken, die zum Stillstand gekommen sind, wieder zu beleben, neue Erkenntnisse daraus zu ziehen oder um Botschaften zu vermitteln.

Gewiss ist, dass jede einzelne Person, die auf der Suche nach der Antwort ist, diese auch selbst finden kann und so hoffe ich, dass das Interesse dafür hier und jetzt für den Leser dieser Gedichte geweckt wurde.

(Frühjahr 1999)

Gedicht oder nicht Gedicht?

Es kann Augenblicke in meinem Leben geben, wo ich mich frage: „Wie beschreibe ich meine Gedichte"?

Zunächst bemerkt der Betrachter, kaum eines meiner Gedichte beinhaltet die üblichen Reime.

Daher vernehme ich oft von außen die Kritik: „Deine Gedichte sind keine Gedichte".

Sofort ruft diese Kritik einen inneren Widerspruch in mir hervor.

Deshalb beschreibe ich nun meine Gedichte wie folgt: „Jedes Gedicht hat sechs Sätze, die ich als harmonische und melodische Strophen mit unterschiedlichen Längen, wechselnden Geschwindigkeiten und verschiedenen Klängen betrachte, wobei jede einzelne Strophe ein Teil meiner Philosophie trägt".

Am Ende ist alles nur eine Frage der Betrachtung und jetzt entscheide selbst: „Gedicht oder nicht Gedicht"?

(Inspiriert von C. Alonso)

(Frühjahr 2000)

Die Bedeutung des Wortes

Das Wort muss verbindlich und klar sein, kein Geschwafel, die Dinge auf dem Punkt gebracht, seine Aussagekraft muss unwiderruflich sein und die Botschaft wird dadurch sichtbar werden.

Das Wort ist ein Werkzeug, manchmal auch eine Waffe, die niemand unterschätzen sollte, da sie Kampf bedeutet und auf diese Weise unberechenbar beziehungsweise gefährlich sein kann.

Das Wort bedeutet Verantwortung, kann positive Dinge erreichen. kann Kritik äußern, wo es angebracht ist und bedeutet eine Form des Fortschritts und des Geistes, die unsere Gesellschaft voranbringt.

Das Wort ist quasi Inspiration, bedeutet Kreativität, kann gestalten, verändern und ist die Form unseres Ausdrucks.

Das Wort regt stets zum Denken an, stellt die Dinge infrage, nichts ist wie es vorher war und erweitert so unser Bewusstsein.

Das Wort bedeutet jetzt Inhalt, Tiefgründigkeit, Nachdenklichkeit, Teil unseres Daseins, vielleicht sogar Sinn unseres Lebens und am Ende bleibt hoffentlich die Erkenntnis.

(Sommer 2001)

Das Schweigegelöbnis

Die Fronten verhärten sich.

Ein Konflikt entsteht.

Niemand ist bereit zu reden.

Jedoch schweigen hat seine Konsequenzen.

Es löst Diskussionen aus.

Am Ende verbreiten sich Gerüchte.

(Sommer 2008)

Der Kreislauf des Konfliktes

Beziehungen werden hergestellt und sind eine Eigenproduktion des jeweiligen Betrachters, sodass sich der Kreislauf immer wieder öffnen wird.

Dabei entsteht die Konfrontation von selbst, und das Resultat ist der Konflikt.

Der Konflikt wiederum erfordert stets Lösungen.

Der Lösungsversuch bedeutet eventuell eine Konfliktbewältigung.

Der Kreislauf könnte sich nun wieder schließen.

Jedoch entsteht jetzt für den Betrachter die unausweichliche Frage: „Ist eine Konfliktbewältigung überhaupt zu jeder Zeit möglich"?

(Herbst 1998)

Die gedankliche Konfrontation

Wer jetzt behauptet, dieser oder jener Gedanke ist absolut neu, der sagt bewusst die Unwahrheit oder unterliegt ohne besseren Wissens einem vorhersehbaren Irrtum.

Denn soviel ist in jedem Fall immer gewiss, Gedanken können niemals wirklich neu sein, da sich das Leben von uns Menschen im Grundsatz nie ändert.

Damit sind Gedanken, meist ohne dass es tief in unserem Bewusstsein eindringt, eine ständige Wiederholung in unserem alltäglichen Dasein, indem sie sich lediglich nur ihrer Situation, ihren Ort oder ihrer Zeit anpassen.

Dadurch sind unsere Gedanken eine stets wiederkehrende Begegnung mit der Auseinandersetzung, der wir uns täglich stellen, wobei leider allerdings meist nur der Anspruch erhoben wird, sich in seiner jeweiligen Umgebung orientieren zu können, aber weniger der Versuch angestrebt wird, einen entscheidenden Schritt weiter nach vorne zu gehen.

Daher überlege sehr genau, ob uns die Gedanken vielleicht nicht doch hier und da eine weitergehende Botschaft vermitteln können!

Dabei kommt es nicht so sehr darauf an, ob ein Gedanke tatsächlich alt oder neu sein kann, sondern es ist vielmehr entscheidend, sich der gedanklichen Konfrontation zu stellen, indem man einen Gedanken klar und deutlich im

Geiste formuliert, um ihn dann, wenn die Situation es von einem verlangt, offen vor Publikum aussprechen zu können.

(Sommer 1998)

Die Zusammenhänge der Konfrontation

Es schwirren Konfrontationen des alltäglichen Lebens in meinem Kopf herum, die mich sofort in meiner Gedankenwelt gefangen nehmen, sodass ich mich oft gezwungen sehe, Dinge in Form einer flüchtigen Notiz aufzuschreiben, die zunächst scheinbar keine sichtbare Aussage erkennen lässt, aber dann entsteht der Augenblick, wo doch ein gewisser Zusammenhang der Dinge für mich spürbar wird.

Denn letztlich lässt sich ein Zusammenhang der Dinge nur durch das gedankliche und geistige Erfassen des richtigen Augenblicks ermitteln, wobei das Hier und Jetzt ein Gegenstand der Betrachtung werden kann.

Die einzelnen Dinge einer Konfrontation, die am Ende meiner Betrachtung zu einem Kontext zusammengefügt werden, entstehen meist ohne vorhersehbare Ankündigung aus dem Unterbewusstsein und erscheinen auf diese Weise spontan, aber bewusst vor unseren Augen.

Häufig erkenne ich nie, wann und warum die Zusammenhänge einer Konfrontation entstehen, aber sie sind für mich durch ihre gedankliche Präsenz ständig gegenwärtig.

Durch die ständige Gegenwärtigkeit der Konfrontation besteht für mich keine Chance vor dessen Zusammenhängen zu fliehen, da sie mir ohnehin überall, egal wo sich meine Gedanken gerade befinden, folgen.

Daher versuche ich mir immer wieder vor Augen zu füh-
ren, dass das Wahrnehmen und Erkennen dieser Zusam-
menhänge uns Menschen lehrt, die Dinge des Lebens
eingehender zu verstehen und zu begreifen, damit wir,
wenn es tatsächlich eine Auseinandersetzung erfordert,
stets in die Lage versetzt werden können, uns besser den
Situationen der Konfrontation zu stellen.

(Sommer 1999)

Die Gedanken

Der Prozess des Denkens beginnt mit der Geburt eines jeden einzelnen Menschen.

Die Situationen des Alltags nehmen mehr und mehr Besitz von unseren Gedanken ein.

Unsere Gedanken sind nur noch Spiegel der Umwelt.

Daher frage Dich selbst; „Wessen Gedanken sind es"?

Die Gedanken können die Freiheit nicht mehr erlangen.

So erkenne nun die Illusion Deines Lebens!

(Sommer 1998)

Der Vergleich Freiheit und Individualismus

Tatsache ist, Freiheit existiert nur dann, wenn unsere Gedanken wirklich nie beeinflussbar wären.

Jedoch ist gewiss, dass jeder einzelne Gedanke nicht aus sich selbst heraus entsteht, sondern vielmehr durch die Einflüsse unserer jeweiligen Umgebung.

Dabei kann niemand unsere Entscheidung und die daraus resultierende Handlung die soeben angesprochene Freiheit für sich jemals beanspruchen.

Hingegen der Individualismus bedeutet, dass man sich den automatisierten Anpassungsprozess seiner Umgebung nicht völlig unterwirft, sondern versucht seinen eigenen Weg zu finden.

Somit bleibt am Ende der Individualismus, der es uns immerhin ermöglicht, sich Freiräume der Gedanken zu schaffen.

Daher ist die Freiheit ein Wunsch, ein Traum oder sogar nur ein theoretischer Begriff, während der Individualismus zur Realität werden kann, da er uns Menschen neue Wege ebnet, die einem helfen, die eigene Persönlichkeit in der Unfreiheit zu bewahren.

(Inspiriert von Torge Eipper)

Der Impuls der Gesellschaft

In unserem Leben entstehen immer wieder Baustellen, die unsere gesellschaftlichen Veränderungen begleiten und den Impuls in Bewegung halten, wobei aber eigentlich nie der Ruf nach einer vorgegebenen Moral oder sogar eines vorgegebenen Imperativs zu vernehmen sein darf, sondern vielmehr der unüberhörbare Schrei nach dem Menschen als individuelles Einzelwesen.

Daher heißt es nun, stets wachsam zu sein, da sonst der Eindruck erweckt wird, dass die Entwicklung der Gesellschaft die Anpassung als Vorgabe verlangt, dieses jedoch zwangsläufig die Gefahr des geistigen Stillstandes durch mangelnde Bewegungsfähigkeit verursacht.

Denn nur eine individuelle Eingabe eines revolutionären Gedankens lässt die notwendigen Umwälzungen und die damit verbundenen gesellschaftlichen Veränderungen zu.

Natürlich kann jede Veränderung zweifelsfrei ein Risiko für die Eröffnung von Problemen auslösen, aber sie bedeutet gleichzeitig auch eine Chance für Lösungen, die den erforderlichen gesellschaftlichen Fortschritt positiv beeinflusst.

So dringt jetzt in unser Bewusstsein ein, dass gerade der Reiz des möglichen Risikos für die ununterbrochene Bewegung des Geistes sorgt und dass der hierbei im Zusammenhang stehende Prozess des Lernens für die ständige Nahrungszufuhr der Gesellschaft verantwortlich ist, um über die angestrebte Energie zur Bewältigung möglicher Konflikte zu verfügen.

Deshalb erkenne, dass mit jedem Schritt der Anpassung, die Dosis eines sich langsam einschleichenden Giftes immer stärker in unserem Geist bemerkbar macht, sodass durchaus eine Bedrohung auftreten kann, die den Tod einer bahnbrechenden Idee und somit auch des gesellschaftlichen Impulses zufolge hätte, wobei jeder Versuch der Wiederbelebung von vorne herein zum Scheiterns verurteilt wäre!

(Inspiriert von Joachim Krink/Torge Eipper)

(Herbst 1998)

Die funktionierende Gesellschaft

Bedroht durch die Globalisierung.

Stranguliert durch den Staat.

Und regiert durch die Wirtschaft.

Dabei wird stets erwartet, dass ich funktioniere.

Jedoch funktioniert es nicht immer.

Daher Fehlfunktion.

(Sommer 2010)

Das Schubladendenken

Ständig habe ich das Gefühl, dass ich einem Schubladendenken ausgesetzt bin, wobei jeder den Versuch startet, mich in seiner Schublade ablegen zu können, sodass ich automatisch gewissen Normvorstellungen entsprechen muss, da ich sonst nicht passgerecht bin.

Dabei gehen die Menschen grundsätzlich nur von sich selbst aus und leben nach dem Motto: „Was für mich richtig ist, ist auch für Jan richtig".

Doch jeder von uns verfügt über eine eigene Schublade, und für jede Schublade gibt es unterschiedliche Maße, sodass dieses Motto nicht immer funktioniert.

Auch mit Gewalt kann niemand immer das gewünschte Ergebnis erzwingen, da sonst das Risiko eingegangen wird, dass die Schublade beschädigt oder sogar komplett kaputtgehen kann.

Daher muss ich immer mit der Gewissheit leben, früher oder später als unpassendes Stück aussortiert zu werden und irgendwo in einer Mülltonne zu landen.

Trotzdem versuche ich mir meine eigene Identität zu erhalten und sage: „Verleugne nie Dich selbst".

27.4.98
Dessaules

Die Befreiung

Stets bemerken wir, das Leben steckt voller Überraschungen, positiv wie negativ.

Dabei erscheint uns das Leben häufig als triviale Wirklichkeit.

Glaube wird nun zu einer Frage des blinden Vertrauens, und die Kirche wird als religiöse Diktatur entlarvt.

In diesem Zusammenhang besitzt die Moral grundsätzlich immer zwei Seiten.

Daher frage Dich: „Würde ist kein teures Gut"?

Deshalb befreie Dich von allem bisher Gewesenen, um Dich ohne Zensur des Systems auf die unverfälschten primitiven Quellen des Ausdrucks zu besinnen, die letztlich dazu führen, dass Du Dich selbst wiederfinden kannst!

Der Traum vom freien Raum

In den Räumen des Hauses beginnen die Decken zu
schwingen, die Säulen verspüren die Lust zu tanzen, die
Wände signalisieren pulsierendes Leben, die Treppen zie-
hen ihre Kreise, die Dächer schweben in der Luft und die
Bäume wachsen in den Himmel.

Diese Form der Betrachtung erweckt den Eindruck: „Hier
muss die Freiheit fließender Räume zelebriert werden"!

Daher findet ein Kampf statt und zwar zwischen Kreativi-
tät und Engstirnigkeit, wobei sich Licht und Schatten
ständig einander begegnen.

Dabei gewinnt die Dynamik an Gewicht, und der Ausgang
des Kampfes ist noch ungewiss.

Gewiss ist nur: „Visionen und Dimensionen sind gefragt,
die Aufbruch und Enthusiasmus verkörpern, aber ohne
hohlem Pathos oder leerer Monumentalität".

„Ist das der Traum vom freien Raum"?

(Sommer 1999)

Der Fortschrittsgedanke

Das Leben ist für jeden einzelnen Menschen vorgegeben und lässt es als ein Diktat erscheinen.

Daher stelle Dir die Frage: „Wahrheit oder Unwahrheit"?

Wache auf und löse Dich von diesem Gedanken!

Die Dinge des Lebens dürfen nicht als gegeben hinge-
nommen werden, sondern man muss den Mut haben, alles infrage zu stellen.

Bringe diesen Mut auf, da dies ein Signal dafür sein kann, mehr eigene Verantwortung für sich und andere zu über-
nehmen!

Dabei mehr eigene Verantwortung zu übernehmen, be-
deutet der einzig und wahre Fortschritt des Menschen.

(Herbst 1999)

Die Politik und der Fortschritt

Ich erkenne: „Die Realität ist meist eine Illusion".

Hierbei wird nun die Moral als Lüge entlarvt.

Daher ist die Politik ein Ausdruck der Hilflosigkeit ge-
worden.

Notwendige Reformen sind in Wahrheit nur die Ausrede,
die leeren Staatskassen zu füllen.

Dadurch besteht das Leben nur noch als brüchiges Provi-
sorium.

Nichts scheint tatsächlich zu passieren, sodass mir be-
wusst wird: „Die Welt ist zu klein für den Fortschritt".

(Inspiriert von Torge Eipper)

(Herbst 1999)

Politische Weisheit

Macht- und Intrigenspiele sind gesellschaftliche Normali-
tät.

Lobbyismus ist dabei die alltägliche Geschäftsordnung.

Und faule Kompromisse für den Bürger bleiben die un-
ausweichliche Konsequenz.

Daher blieb ich klug genug, nicht in die Politik zu gehen.

Trotzdem werde ich bestraft.

Denn wir werden von Menschen geführt, die dümmer
sind als ich.

(Sommer 2010)

Der plakative Politiker

Ein Instrument der gesellschaftlichen Enttäuschung?

Zumindest Versprochenes wird meist nicht gehalten.

Trotzdem hat er auch seine Vorzüge.

Er lässt sich leicht beseitigen.

Kann problemlos wegtransportiert werden.

Und er bewahrt Stillschweigen darüber.

(Herbst 2011)

Die Technik und der Fortschritt

„Technischer Fortschritt, ein nützliches Hilfsmittel, um die Lebensqualität des Menschen zu erhöhen"?

Möglich, setzt aber Verantwortungsbewusstsein und eine hohe geistige Reife des Menschen voraus.

Primitive Arbeiten, die letztlich nur den Selbstzweck des Überlebens dienen, würden überflüssig werden, und der Mensch könnte lernen, Seiten bei sich zu entdecken, die er vermutlich sonst nie bei sich erkannt hätte wie z. B. seine Kreativität auszuleben, geistige Fähigkeiten zu entwickeln oder seinen Forschungsdrang zu befriedigen.

Stattdessen ist der Mensch mit seiner aktuellen Situation überfordert und kann nicht ohne die bisherigen Arbeiten existieren.

Der Mensch würde sich ohne seine bisherigen Arbeiten langweilen, kann nichts mit sich selbst anfangen, sieht seine Perspektiven verschwinden, und die Zukunft wird zur Ungewissheit.

Dabei begibt sich der Mensch in ein Abhängigkeitsverhältnis, aus dem er sich, wenn überhaupt, nur schwer wieder befreien kann, und es stellt sich die Frage: „Ist der Fortschritt des Menschen daher nur ein Traum oder eine Utopie"?

(Herbst 1999)

Der Mensch und die Technik

Präsentiert uns die neuen Errungenschaften der Technik!

Die wachsende Eigenständigkeit der Technik lässt den
Menschen überflüssig erscheinen.

Es entsteht ein Paradoxon, da der Mensch der Geschwin-
digkeit seiner eigenen Entwicklung kaum folgen kann,
sodass er die Übersicht verliert.

Ein Gleichgewicht der Entwicklungen zwischen Mensch
und Technik ist somit nicht gegeben.

Mangelnde Kontrollierbarkeit und zunehmende Selbstzer-
störung gehen eine beinahe unausweichliche Allianz ein.

Es bleibt also zu hoffen, dass der Mensch am Ende die
Signale der Gefahr doch rechtzeitig erkennt und ein Zei-
chen für mehr Verantwortung setzt.

(Herbst 1999)

Der unvermeidliche Fortschritt

Wir müssen uns endlich eingestehen. dass wir Menschen einen Ort schaffen müssen, der sich zu einer Einheit der Wissenschaft, der Philosophie und der Kunst zusammenfügt.

Dieser Prozess des Zusammenfügens bedeutet nun Fortschritt.

Es entwickelt sich hierbei ein untrennbares und einheitliches Gebilde, das dem Menschen das Lernen zugänglich macht.

Der Zugang des Lernens drückt sich wiederum dadurch aus, dass die entscheidenden Fragen nach dem Denken und Handeln des Menschen nach seiner Gesinnung, nach ethischen Werten und geistigen Hintergründen überhaupt möglich sind.

Alles andere wäre nur eine Oberfläche ohne Inhalt.

Daher bleibt der Fortschritt unvermeidlich, da sonst irgendwann der geistige Stillstand einsetzen würde, und die Konsequenz wäre fatal.

(Inspiriert durch Torge Eipper)

(Frühjahr 2000)

Die Grenzenlosigkeit

Nie darf die Frage lauten: „Wie weit kann oder darf ich gehen"?

Vielmehr sollte die Frage heißen: „Wie weit gehe ich"?

Denke ich genauer darüber nach, bemerke ich schnell, Grenzen werden nur durch unsere Gedanken festgelegt.

Der Kopf muss frei sein, nur so kann ich die Schranken des Geistes öffnen und sagen: „Ich gehe nicht weiter, obwohl ich durchaus jederzeit dazu in der Lage wäre".

Dies sagen zu können, liegt letztlich bei mir selbst und bei niemand anders.

Alles muss am Ende grenzenlos sein, und ich kann jetzt nur noch sagen: „Durchbreche jede mögliche Sperre oder Schranke! Nur dann kannst Du Deine Ziele tatsächlich erreichen".

Der Preis der Verantwortung

Es kommt ein Augenblick im Leben eines jeden einzelnen Menschen, wo ihm bewusst wird, dass er niemals die Möglichkeit besitzt, eine Entscheidung zu treffen, die einem Ideal tatsächlich entspricht.

Denn unabhängig davon, welche Entscheidung jemand für sein Leben trifft, eines ist in jedem Fall von vorne herein gewiss, einen Preis muss er immer bezahlen.

So kann man diese Gewissheit wie bei einem Würfel drehen und wenden, wie es einem gefällt und aus unterschiedlichen Perspektiven betrachten, aber nichts ändert sich wirklich dadurch, da die Möglichkeiten in der sich jeweils zu stellenden Situation unveränderbar bleiben.

Daher muss jeder sich immer wieder selbst prüfen, welchen Preis er bereit ist für einen bestimmten Zweck des Lebens zu bezahlen.

Nun wird uns mehr und mehr bewusst, dass sich jeder Mensch diese Dinge ausschließlich nur für sich selbst beantworten kann.

Die Last, die jeder dabei von uns zu tragen hat, ist der unausweichliche Preis der Verantwortung, eine Herausforderung, die uns wieder begegnet und somit eine Flucht unmöglich macht.

Die Lebensbühne

Auf der Bühne des Lebens zu stehen, ist zweifelsfrei eine
große Herausforderung.

Es bedeutet Mut zur Verantwortung.

Denn das Leben ist keine Generalprobe.

Daher gibt es nur einen Versuch.

Entweder der Auftritt gelingt oder gelingt nicht.

Lampenfieber ist die unausweichliche Konsequenz.

(Frühjahr 2010)

Das Gedächtnis und seine Wichtigkeit

Tatsache ist, das Gedächtnis kann uns manchmal bösartige Streiche spielen, aber dennoch erkenne, es ist der größte Datenspeicher des Universums, ein Wunderwerk der Natur!

All unsere Erinnerungen, die jetzt zu Erfahrungen werden und den Blick für das Leben verändern, sind dort enthalten.

Dabei werden unsere Erinnerungen nicht nur festgehalten, sondern auch bearbeitet und bewertet.

Unsere Erinnerungen sagen uns stets, wer wir sind, woher wir kommen, wohin wir gehören.

In diesem Zusammenhang erinnere Dich nun, dass bisher keine menschliche Erfindung in der Lage war, in diesen Dimensionen zu folgen!

Daher merke Dir: „Sich zu erinnern, ist die Basis allen Lernens und der Kreativität".

(Herbst 1999)

Das Phänomen Intelligenz

Niemand weiß genau woher die Intelligenz kommt und wodurch sie entsteht.

Daher ist es der Wissenschaft nie gelungen, das vielschichtige Phänomen der menschlichen Intelligenz zu messen oder gar zu ergründen.

Allerdings ist gewiss, dass der Geist des Denken, welches den Motor Gehirn anwirft und steuert, sich nur an der Vielzahl von unterschiedlichen Fähigkeiten beschreiben lässt, sodass die Frage entsteht: „Wie viele Intelligenzen gibt es eigentlich"?

Dabei lässt sich die Liste der Fähigkeiten endlos fortsetzen und durch Begabungen wie beispielsweise Einfallsreichtum, Geschwindigkeit, Merkfähigkeit, Kapazität, verbales, numerisches und figurales Denken besetzen.

Erkenne, dass die Intelligenz eine Voraussetzung für hohe Lernfähigkeit in der sich rasch wandelnden Gesellschaft ist!

Schlussendlich wissen wir, dass das Phänomen Intelligenz zwar immer noch nicht vollständig erklärt ist, aber dennoch können wir ersehen, dass die Intelligenz es uns ermöglicht, verschiedene Komponenten auszubalancieren, um ein Problem angehen zu können, die Impulse zu kontrollieren, ein Gefühl für die Situation zu entwickeln, flexibel oder kritisch zu sein und neue Ideen durchzusetzen.

Der Vergleich Wissen und Intelligenz

Ich vergleiche zwei Unbekannte: Wissen und Intelligenz.

Häufig höre ich die Aussage: „Wissen ist Macht".

So untersuche ich diese Aussage und stelle fest, dass sie nur bedingt zutrifft, da das Wissen nur eine Anhäufung von Informationen ist, wobei die Intelligenz die Verfügbarkeit von Begabungen voraussetzt, das Erkennen der Komplexität eines Problems ermöglicht und die Fähigkeit hat, dieses erkannte Problem schnellst- und bestmöglich zu lösen.

Diese Erkenntnis macht mir deutlich, dass das Wissen nur ein Hilfsmittel der Intelligenz ist.

Daraus kann ich ersehen, dass niemand der über Wissen verfügt, Intelligenz garantiert werden kann oder dass jemand, der die Intelligenz hat, nicht unbedingt auch das notwendige Wissen erlernte.

Daher komme ich zur Schlussfolgerung, dass zwar keine Gleichstellung zwischen Wissen und Intelligenz besteht, aber trotzdem ein Zusammenhang sichtbar wird, der beides ideal miteinander verknüpfen kann.

(Inspiriert durch Michael Passing)

(Sommer 1998)

Die Bedeutung der Energie

„Energie, was ist das"?

„Ein Bewegungsablauf in der Natur"?

„Die Kraft und der Antrieb unseres Daseins beziehungs-
weise der Motor, der quasi alles zum Laufen bringt"?

Energie regt unsere Gedanken an, ist daher eine Form der
Bereicherung, bedeutet auch Macht und Verantwortung
und repräsentiert unsere Lebendigkeit.

Es ist die Suche nach Veränderung, nach Fortschritt und
nach Inspiration.

Deshalb muss Energie sinnvoll genutzt, häufig sorgfältig
aufbewahrt und meist sogar gehütet werden wie ein kost-
barer Schatz, um den Ansprüchen, die ihr in der Zukunft
gestellt werden, auch tatsächlich gerecht werden zu kön-
nen.

Die Aufgabe der Wissenschaft

„Ist die Wissenschaft ein wichtiger Wegweiser für die Zukunft"?

„Lehrt sie uns Menschen, Tatsachen anzuerkennen"?

„Ist sie die Suche nach Wahrheit und Objektivität"?

„Ist die Objektivität in diesem Kontext auch ein Bestandteil der Subjektivität"?

„Ist Objektivität überhaupt möglich"?

Dies alles zu ergründen, ist nun Aufgabe der Wissenschaft.

(Herbst 1999)

Die Unwissenheit   Teil 1

Erkenntnisse der Wissenschaft, der Philosophie und der
Kunst fordern uns Menschen ständig neu heraus und ver-
langen nach Interpretationen.

Es entsteht jetzt die Frage: „Wer will dem menschlichen
Geist noch eine Grenze setzen"?

Die Summe aller möglichen Fragen lässt uns Menschen
keine Grenzen erkennen, aber bei den notwendigen Ant-
worten hingegen schon.

Daher sei an dieser Stelle an Galileo Galilei erinnert, der
die Frage stellte: „Wer möchte behaupten, alles, was es auf
dieser Welt zu sehen und zu wissen gibt, sei bereits ent-
deckt und erkannt"?

Bei dieser Frage entsteht ein einvernehmliches Schweigen.

Denn es wird uns bewusst, dass wir letztlich nichts wissen
und erkennen: „Der Apfel der Erkenntnis ist leider doch
nur gespritzt".

(Sommer 2010)

Die Unwissenheit   Teil 2

In meinem Kopf eröffne ich ein Frage-Antwort-Spiel.

„Habe ich auf alle Fragen die passenden Antworten"?

Eine spannende Suche nach der Antwort beginnt.

Dabei erkenne ich, dass das Wissen unendlich ist.

Jedoch unser Leben ist hingegen nur begrenzt.

Daher bleiben viele Fragen zwangsläufig unbeantwortet.

(Sommer 2010)

Die Bedeutungslosigkeit

„Was ist unser Sonnensystem im Vergleich zur Unend-
lichkeit des Kosmos"?

„Bedeutungslos".

„Was ist in diesem Zusammenhang die Lebenszeit eines
einzelnen Menschen im Vergleich zur Unendlichkeit des
Zeitraumes"?

„Erschreckend bedeutungslos".

„Und was ist das erlangte Wissen eines einzelnen Men-
schen im Vergleich zur Unendlichkeit des Möglichen"?

„Absolut bedeutungslos".

Das Geheimnis des Lebens

Das Leben besteht meist nur aus Ungewissheiten.

Daher tappten wir Menschen oft nur im Dunkeln.

Kaum etwas ist wirklich erkennbar.

Das Leben wird dadurch zum Rätsel.

Dabei ist das Rätsel ein nicht entschlüsselbares Geheimnis.

Und am Ende bleibt uns nur die Gewissheit von Geburt und Tod.

Die Frage nach dem Warum

Viel zu oft lassen wir uns durch den Alltag unseres Lebens treiben, kratzen meist nur an dessen Oberfläche, vergaloppieren und verfangen uns im Rausch der Geschwindigkeit in übliche Klischees und nehmen dabei unsere nähere Umgebung als heile Welt wahr.

Dennoch vernehmen wir irgendwann, vollkommen unerwartet, eine überraschende Wendung, eine Richtungsänderung in unserem Leben, da unverhofft eine Bedrohung in Form eines immer größer werdenden Fragezeichens vor unseren Augen entsteht und somit unweigerlich in unsere heile Welt eindringt, wobei sich hinterher niemand genau erklären kann, weshalb es gerade jetzt entstanden ist.

Dann, völlig unvorbereitet, entstehen aus dem einen Fragezeichen zwei, drei, vier, einfach unendlich viele, sodass man das Gefühl hat, von einer Vielzahl von Fragezeichen vereinnahmt oder gar eingesperrt zu werden, und die zentrale Frage unseres Lebens wird ab sofort unüberhörbar: „Warum"?

Dies ist eine Frage, wenn sie nur ein einziges Mal vor unseren Augen sichtbar wird, die uns immer wieder in den jeweiligen Situationen unseres Lebens verfolgt, ohne dass jemand tatsächlich über die Möglichkeit verfügt, vor dem Warum die Augen zu verschließen.

Daher wird die Suche nach dem Warum der Antrieb unseres Lebens, und ein ständig wiederholendes Frage-

Antwort-Spiel gewinnt in diesem Augenblick immer mehr an Bedeutung, wobei die Antwort nicht entscheidend ist, sondern die Frage selbst, da wir ohne sie nichts hätten wonach wir eigentlich suchen sollten und wären ohne sie nichts.

Bedenke bei diesem Frage-Antwort-Spiel, dass die Antwort für jeden einzelnen Menschen nicht immer offen vor einen liegt, da sie stets unterschiedlich wahrgenommen wird, und nun stelle Dir die zentrale Frage unseres Lebens selbst: „Warum"?

(Inspiriert durch Torge Eipper)

(Sommer 1999)

Die Suche nach Antworten

„Wer ist der Mensch“?

„Was ist sein Bewusstsein oder seine Seele“?

Alles Fragen, die Antworten erfordern.

Die Antworten liegen in der Komplexität unseres Daseins
begründet.

Die Komplexität unseres Daseins charakterisiert und defi-
niert die Realität, die sich für uns Menschen niemals voll-
ständig geistig erfassen lässt, da wir zu sehr in der Struktur
eines Modells verstrickt sind, wo wir uns nicht mehr be-
freien können.

Die Struktur eines Modells bedeutet hierbei eine Abstrak-
tion, die unsere Wahrnehmung einschränkt, da sie die
Realität auf ein Minimum reduziert, und die Antworten
somit nur sehr begrenzt gefunden werden können.

Die Gewalt

Gewalt ist eine spezielle Ausdrucksform und symbolisiert eine Sprache, die über eine eigene Grammatik verfügt.

Gewalt charakterisiert das menschliche Wesen in seiner ganzen Komplexität, innerlich wie äußerlich und kann daher eine Schwäche sein.

Gewalt ist Macht, die manchmal für Betroffene zur Ohnmacht wird.

Gewalt ist meist unberechenbar und wird oft unkontrollierbar, da sie uns Menschen ständig beherrscht.

Gewalt kann uns dabei in unterschiedlicher Weise begegnen und ist häufig da, wo man sie am wenigsten vermutet, sodass sie versteckt im Verborgenen auftreten kann, wobei sie gelegentlich sogar vollkommen unbemerkt bleibt und somit auch eine heimliche Gefahr darstellen kann.

Vorsicht ist also geboten: Die Gewalt begegnet uns überall und kann uns auch überall hin folgen.

Die Menschlichkeit

Es drängt sich mir die kritische Frage auf: „Ist Grausamkeit tatsächlich unmenschlich"?

Die Allgemeinheit bejaht es, ohne weiter ernsthaft darüber nachzudenken und lässt diesbezüglich an der Richtigkeit dieser Antwort keine Zweifel erkennen.

Jedoch ich widerspreche entschieden dieser oberflächlich betrachteten Position, da ich sie als Selbstbetrug entlarve und sie wie eine Seifenblase wieder zerplatzen lasse.

Alles ist nun Schall und Rauch, da positive wie negative Eigenschaften gleichermaßen menschlich sind.

Diese Tatsache wird stets durch unsere Emotionen bestimmt und zwar ohne dass eine Kontrolle darüber gewährleistet sein kann.

Unmenschlich ist letztlich nur ein maschineller Roboter, der ohne eigenes Bewusstsein und Gewissen Befehle ausführt.

(Winter 2009)

Die Bedrohung Mensch

„Was ist überhaupt die Spezies Mensch"?

Bei der Suche nach der Antwort, erkenne ich uns Menschen als Parasiten wieder, die alles rücksichtslos vernichten und zwar ohne über die Folgen, die Konsequenzen nachzudenken.

„Wer übernimmt dabei jetzt die Verantwortung"?

Niemand.

Stattdessen bleibt für mich nur die Konsequenz, dass vermutlich am Ende nichts mehr vorhanden ist, was wir Menschen vernichten können, nicht einmal wir uns selbst.

„Ist der Mensch daher eine Bedrohung für den Menschen"?

Die Bedeutung der Macht

Zunächst wird einen bewusst, dass Macht ein vielseitig deutbarer und umstrittener Begriff ist, der vielen Menschen ein Gefühl von Angst und Unbehagen bereitet.

Dennoch muss sich jeder die Frage, ob Macht wirklich immer negativ ist oder vielleicht auch positiv sein kann, gefallen lassen.

Schnell kommt die Erkenntnis, dass die Antwort stets offen bleibt, da das Streben nach Macht der menschlichen Natur entspricht.

Ständig wird der Versuch unternommen, Situationen oder andere Menschen in eine bestimmte Richtung zu beeinflussen, da man ein Ziel vor Augen hat.

Die meisten Menschen haben ein Ziel vor Augen, dass sie beispielsweise mit Härte oder mit Feingefühl versuchen zu erreichen.

Die Unterschiedlichkeit der Situationen, Mittel und Wege macht deutlich, dass die Ausübung der Macht in jeder Lebenslage seine Anwendung findet.

(Sommer 1998)

Die Gefahr der Information

Die Seele des Menschen wird mit der Landschaft der Medien konfrontiert.

Verselbständigt hat sie sich mehr und mehr.

Täglich ist der Mensch irgendwelchen Meldungen des Schreckens und der Katastrophen ausgesetzt.

Stets bleibt das Bestreben, das Gefühl des Informiertseins, zu erzeugen.

Die Frage nach dem richtigen Weg wird zum Zentrum der Gedanken.

Ängste gewinnen die Oberhand, sodass die Zukunft zur Ungewissheit wird.

Zeitungsgeschichten

Eine Schlagzeile wird verzweifelt unter Zeitdruck gesucht.

Eine Sensation wird in großer Auflage angestrebt.

Im Eiltempo wird daher eine Zeitungsente hochgezüchtet.

Dabei wird der Wahrheitsgehalt zur absoluten Nebensache.

Am Ende bleibt nur heiße Luft.

Denn im Zeitungspapier werden tags darauf die Heringe auf dem Fischmarkt eingewickelt.

(Winter 2015)

Die Informationsflut

Die heutige moderne Zivilisation ermöglicht uns neue technische Optionen der sogenannten sozialen Netzwerke.

Hierbei wird uns eine bunte Angebotsvielfalt durch das kunstvolle Internet geboten.

Sofort offenbart es unsere menschliche Neugier und verführt uns mit ihren informativen Reizen.

Daher dürstet uns fast unstillbar nach Wissen.

Dabei werden wir verhängnisvoll von einer gefährlichen Informationsflut überrollt, die wir nicht kontrollieren können.

Die Konsequenz: Wir drohen zu ertrinken.

(Sommer 2017)

Das Wunder der Natur

Wir existieren in einer Welt, wo das Wasser die Quelle des Lebens ist, wo die Sonne uns das nötige Licht und die notwendige Wärme spendet, wo die Pflanzen uns die Luft zum Atmen ermöglicht und wo die Tierwelt uns ausreichend mit Nahrung versorgt.

Die hier beschriebene Welt, die meist ohne darüber nachzudenken als selbstverständlich wahrnehmen, ist das Wunder der Natur.

Bei genauer Beobachtung erkennt man, dass das Wunder der Natur ein nahezu perfekt funktionierender Kreislauf ist.

Innerhalb dieses Kreislaufes haben wir eine Einheit der Tier- und Pflanzenwelt, wo jedes Lebewesen eine notwendige Aufgabe erfüllt.

Niemand weiß genau, warum das Wunder der Natur so einwandfrei funktioniert.

Daher bleibt am Schluss noch ein Geheimnis, welches vermutlich nie gelöst werden kann: „Was eigentlich ist das Wunder der Natur"?

(Inspiriert durch Angelika Winter)

(Sommer 2000)

Das ignorierte Paradies

Stichworte wie Religion und Philosophie fallen in diesem Zusammenhang und schon wird die Frage viel und innig in der Menschheit diskutiert: „Gibt es ein Paradies im Jenseits"?

Jedoch aus meiner Sicht der Dinge der falsche Ansatz des Denkens und des Grübelns, der letztlich nur die Tragik der Spezies Mensch beschreibt.

Denn der Mensch erfasst in seinen Herzen nicht die Einsicht, dass wir bereits in einem unbeschreiblichen und beeindruckenden Paradies leben und nimmt das Wunder der Natur in seiner besonderen Einzigartigkeit nicht bewusst wahr, selbst wenn es sich vor der eigenen Haustür befindet.

Die verhängnisvolle Konsequenz ist hierbei die Blindheit und die Ignoranz, begleitet durch Gier und Maßlosigkeit, vielleicht sogar gepaart durch Überheblichkeit und Arroganz.

Daher führt die soeben beschriebene Verantwortungslosigkeit dazu, dass unser wunderbares und malerisches Paradies zunehmend zur grausamen und erbarmungslosen Hölle wird.

Daher frage ich an dieser Stelle: „Kann der Mensch diese Realität überhaupt auf Dauer ertragen und tatsächlich überleben"?

(Inspiriert von Jessika Kay)

(Sommer 2015)

Der paradoxe Zustand

Ich behaupte: „Gott braucht keine Schöpfung".

Dennoch existiert sie und ist durch den Menschen eine fehlerhafte Welt des Chaos.

„Ist Gott daher ein Künstler, der sein geschaffenes Werk bewusst unvollendet ließ"?

„Oder ist Gott vielleicht sogar fehlerhaft"?

Dieser Zustand ist für mich ein ungeklärtes Paradoxon.

Deshalb kann ich hier nur noch sagen: „Für mich wird das Fehlerhafte oder das Chaotische immer ein gegensätzliche Teil eines Ganzen sein, das sich als vollkommen darstellt".

Die Deutbarkeit der Natur

Häufig bemerke ich, dass die Natur aufgrund großer Widersprüchlichkeiten, die meist nie ergründbar sind, in unterschiedlichen Richtungen deutbar wird.

Bei genauer Betrachtung dieser Natur begreife ich, dass mit ihr ein ständiges Kommen und Gehen des Lebens verbunden ist, wobei sich stets das stärkste Element im Kampf um die Existenz durchsetzt und somit ein Zeugnis der Daseinsberechtigung darstellt.

Die Natur selbst besteht aus Landschaften der Abstraktionen, die mir auf dem ersten Blick kaum begreifbar erscheinen, aber trotzdem für die nötige Klarheit meines Lebens sorgt.

Hierbei demonstriert die Natur Schönheit und Grausamkeit zugleich, sodass sich die Geschichte meines Daseins darin wiederspiegelt.

Daher muss ich letztlich selbst meine Definition der Natur erkennen und auch für mich selbst interpretieren.

Dabei ist mir eines nun in jedem Fall von vorne herein gewiss, nämlich dass die Natur immer bestrebt sein wird, seinen Weg zu suchen und zu finden, unabhängig davon welche Widerstände ihr entgegentreten, da die Natur die Energie des Lebens repräsentiert.

(Sommer/ Herbst 1998)

Unser Konflikt mit der Natur

Das Wachstum der Wirtschaft gilt als Indikator unseres Wohlstandes, und es entsteht ein Konflikt mit der Natur.

Unser erstrebter Wohlstand kann vergänglich sein, da der Moment eintreten kann, wo uns keine ausreichenden Ressourcen aus der Natur nicht mehr zur Verfügung stehen und somit nichts zum Produzieren vorhanden ist.

Der Raubbau an der Natur ist das Ergebnis unserer Selbstzerstörung.

Die Vorboten der Selbstzerstörung sind schon jetzt klar erkennbar: das Meeressterben, das Flusssterben, das Waldsterben, das Tiersterben…

Hierbei muss die Natur immer mehr vor unserer Zivilisation weichen und geht faule Kompromisse mit uns Menschen ein.

Aber der Wunsch, eine Veränderung der Situation herbeizuführen, muss letztlich von jeden einzelnen Menschen selbst kommen, da ein Konflikt niemals durch ein Diktat gelöst werden kann.

Kernkraftwerk Krümmel

„Unbedenklich für Mensch, Tier und Pflanzen"?

„Vielleicht, wie lange Zeit behauptet, sogar umweltfreund-
lich"

„Überzeugt euch lieber selbst"!

Störfall.

Normalfall.

Vattenfall.

(Juli / 2009)

Die Gewalten der Natur

Die Schönheiten der Natur bewundert man, da sie uns unterschiedliche, abwechslungsreiche und malerische Landschaften mit einer vielfältigen und farbenprächtigen Fauna und Flora präsentiert.

Dort, mittendrin, befindet sich der Mensch, voller Ehrgeiz und Tatendrang, der versucht die Natur zu besiegen und zu beherrschen, indem er Dörfer und Städte entstehen und wachsen lässt, die Erde kultiviert und den technischen Fortschritt vorantreibt.

Urplötzlich jedoch wird der Mensch den Gewalten der Natur in schrecklicher und grausamer Manier wie beispielsweise Unwetter, Überschwemmungen, Wirbelstürme, Erdbeben oder Vulkanausbrüche meist chancenlos ausgesetzt und ausgeliefert.

Dabei wird der Mensch mit ständig sich wiederholenden Bildern von zerstörten Häusern, zerstörten Straßen, zerstörten Ernten sowie toten Angehörigen konfrontiert und führt dessen Ohnmacht und Hilflosigkeit gegenüber den Gewalten der Natur vor Augen.

Die Existenz dieser hier beschriebenen Gewalten der Natur lässt nicht wirklich ergründen, sondern man sieht nur, dass sie kommen und wieder verschwinden, den Menschen unerwartet und unverhofft treffen und sich von ihrer berechenbaren und unbarmherzigen Seite zeigen.

So wird dem Menschen seine Grenzen doch bewusst,
denn etwas kann er niemals in seinem Leben bändigen
oder gar beherrschen, die Gewalten der Natur.

(Inspiriert durch Angelika Winter)

(Sommer 2001)

Die lehrreichen Erfahrungen
der Geschichte

Häufig wird gesagt, dass die Geschichte lehrreich sei, und es wird das Buch der Geschichte aufgeschlagen.

Dieses Buch der Geschichte berichtet über die Entwicklung von Konflikten, über Krieg und Frieden, über die Entstehung und Untergang von Weltreichen sowie über Sieg und Niederlage.

Bei gründlicher Studie wird die Erkenntnis vermittelt, dass sich Geschichte im Laufe der Jahrhunderte und Jahrtausende ständig zu wiederholen scheint.

Daher kommt Zweifel über die Lernfähigkeit des Menschen auf.

Es entsteht einerseits ein Stillstand von Entwicklungen, aber andererseits auch die Gewissheit, dass die Erfahrungen aus der Geschichte den Menschen das Lernen ermöglicht.

So bleibt nur die Hoffnung, dass der Zeitpunkt kommt, wo der Mensch seine Chance ergreift und von den Möglichkeiten, die sich ihm bieten könnten, Gebrauch macht.

(Sommer 1999)

Die gesellschaftliche Prägung
(Ein Stück deutscher Geschichte)

Ein Leben im Zeitalter des Kapitalismus?

Die Versklavung der Gesellschaft?

Ja, durch die Macht des Geldes.

Dabei sechszehn Jahre vom Kanzler der Einheit verkohlt.

Sieben Jahre vom Kanzler der Medien eingeschrödert.

Und nun von einer Kanzlerin ausgemerkelt.

(Mai / 2015)

Die Konfrontation mit anderen Kulturen

Tatsache ist, Völkerwanderung bleibt eine stetige Konfrontation des Neuen, wobei Erdteile und Meere zu fragilen Flächen ohne Grenzen werden.

Unsere Welt befindet sich quasi im ständigen Umbruch, da eine Flucht für viele Menschen aus vielerlei Gründen unvermeidlich wird.

Dabei bedeutet für diese Menschen das Exil, immer am falschen Ort zu sein, und ein Zuhause existiert daher nur auf Reisen.

Denn überall entstehen Begegnungen des alltäglichen Misstrauens, der menschlichen Überforderung, der schwer überwindbaren Angst und des mangelnden Verständnisses, sodass die Frage entsteht: „Leben Fremde unter Fremden"?

Trotzdem ist ein Zurück meist nie möglich, da der Rückweg durch unumkehrbare Prozesse versperrt bleibt und somit Ausweichmöglichkeiten verhindert.

Dadurch vermitteln gegensätzliche Interpretationen des Lebens eine Vorstellung von unterschiedlichen Hintergründen und Geschichten verschiedener Kulturen, was hier die Notwendigkeit erfordert, ein Zusammenleben erproben zu müssen, wobei aber auch die Chance entsteht, gegenseitige Toleranz zu erlernen, um ein friedliches Miteinander auf Dauer zu ermöglichen.

Die AfD: Eine Alternative für Deutschland?

„Bedeutet deutsche Leitkultur tatsächlich raus aus dem Euro und der EU"?

„Bedeutet Frieden tatsächlich zurück zur Kleinstaaterei in Europa und die Wiedereinführung der Wehrpflicht"?

„Bedeutet mehr Sicherheit tatsächlich ein liberales Waffengesetz nach amerikanischem Vorbild und die Herabsetzung des Strafmündigkeitsalters"?

„Bedeutet Umweltschultz tatsächlich das Beibehalten der Kernenergie und die Beendigung der Subventionen für Bioenergie"?

„Bedeutet die ausschließliche Akzeptanz eines traditionellen Familienbildes und die Infragestellung des Asylrechts tatsächlich gesellschaftliche Toleranz"?

Dann wähle die AfD!

(Bezugnahme auf das Wahlprogramm der AfD aus dem Internet)

(Juli / 2019)

Die fremdenfeindliche Betrachtung
Teil 1

Die Fremdenfeindlichkeit hat sich tief in unsere Seele
eingegraben.

Selbstverständlich muss bei dieser Betrachtung, alles was
unzivilisiert und triebhaft ist, schwarz sein, damit die eige-
ne Weste weiß bleibt.

Dabei verknüpfen sich sexuelle Tabus mit dem Tabus der
Fremdenfeindlichkeit auf sehr subtiler Weise.

Es sind verdrängte, kollektive Phantasien, die sich nicht
mehr leugnen lassen.

Daher wechseln Täter und Opfer schnell mehrfach die
Seiten.

Der Überblick geht nun verloren, und es entsteht die Fra-
ge: „Schneidet man sich bei dieser Form der Betrachtung
nicht ins eigene Fleisch"?

Die fremdenfeindliche Betrachtung
Teil 2

Häufig stelle ich mir die Frage: „Wo hört bei mir die Toleranz auf"?

Schnell antworte ich: „Ganz einfach, bei der Intoleranz".

Dabei bedenke: „Fremdenfeindlichkeit richtet sich nicht nur gegen Ausländer oder andere Kulturen, sondern allgemein gegen gesellschaftliche Randgruppen".

Also gegen alle, die anders sind als die gesellschaftliche Norm.

Bedeutet im Klartext: „Irgendwann kann sich die Fremdenfeindlichkeit gegen jeden von uns richten".

Daher sei wachsam und interveniere, wenn die Situation es erfordert!

(Sommer 2015)

Die Chancen der multikulturellen Gesellschaft

Heutzutage ist unsere Gesellschaft multikulturell und besteht meist aus einem bunten Völkergemisch, der aus unterschiedlichen Ländern und Kontinenten stammt.

Jedoch bedenke, eine andere Kultur bedeutet eine andere Mentalität und Lebensweise!

Viele Menschen haben Angst, sehen eine Überfremdung ihrer Gesellschaft und nehmen die anderen Kulturen als eine Art Fremdkörper, der nicht in ihre Denkweise hineinpasst, wahr.

Häufig äußert sich die Angst der Menschen in Form von Aggressionen.

Für diese Aggressionen sucht man nach Alibis und entdeckt nicht die Chancen einer neuen Gesellschaftsform.

Daher muss in Erinnerung gerufen werden, dass viele Errungenschaften in unserer Gesellschaft wie z. B. das Rad, das Alphabet, die Zahlen und die christliche Religion ihren Ursprung aus unterschiedlichen Kulturen haben.

Die kriegerische Natur

Der Krieg bedeutet eine Auseinandersetzung mit unserer
Existenz.

Hierbei wird die Auseinandersetzung durch den Kampf
um das Überleben begründet.

Daher die Frage: „Ist der Krieg das unausweichliche Ge-
setz der menschlichen Natur"?

Fakt ist: „Der Krieg besteht stets aus Dichtung und
Wahrheit".

Die Gewinner schreiben die Geschichte.

Und die Verlierer müssen sie lesen.

(Sommer 2016)

Die Strategie des Krieges

Konflikte, Konfrontationen, die sich im Laufe der Jahrhunderte und sogar der Jahrtausende ständig zu wiederholen scheinen, kündigen sich erneut an.

Daher wird von jeder Konfliktpartei fieberhaft nach einer Lösung gesucht, sodass nun die richtige Strategie gefragt ist.

Dafür wird speziell die Wissenschaft mit einbezogen, die sich sofort eifrig und mit absoluter Nüchternheit an die Arbeit gemacht, um die richtige Strategie, die zum angestrebten und auch gewünschten Erfolg führen soll, zu finden.

Dabei beschränkt sich die Arbeit der Analytiker und der Statistiker im Wesentlichen nur darauf, welche Landgewinnung mit der Strategie erreicht werden kann und welcher Verschleiß am Menschenmaterial dafür erforderlich ist und zwar ohne Berücksichtigung des eigenen Gewissens.

Hierbei ist der Preis vollkommen bedeutungslos, da die Analysen nichts über Menschenschicksale oder dessen Gefühle aussagen können.

Darüber hinaus zählt ohnehin nur eines, da sind alle Konfliktparteien in der Struktur des Denkens gleich, Sieger des Konfliktes zu sein und zwar um jedem Preis und ohne Rücksicht auf Verluste, wobei uns spätestens jetzt bewusst sein sollte: „Draußen herrscht Krieg, ein unbarmherziger und grausamer Krieg, voller Leid und Zerstörung und ohne jede menschliche Vernunft".

Der Krieg und die Medien

Stets sind wir Menschen Gefangene einer Kultur der Bilder und somit auch unserer Feindbilder.

Dabei sind die Medien kein Hindernis für den Krieg, sondern eher im Gegenteil, ein wesentlicher Bestandteil des Schlachtfeldes.

Die psychologische Kriegsführung der Medien bestimmt hierbei die Rahmenbedingungen der Schlacht.

Deshalb ist also Vorsicht geboten, da man sonst der Gefahr ausgesetzt ist, die Botschaften der Medien ernst zu nehmen und die Übersicht zu verlieren.

So erkenne: „Im Krieg stirbt immer als Erstes die Wahrheit".

Der Medienapparat der Zensur, der Fälschungen oder der Propaganda muss in jedem Fall überlistet werden, und das Motto kann daher nur lauten: „Zieh dem Auge die Uniform aus"!

Eine Demonstration gegen den Krieg

In der Szenerie unserer Medien begegnet mir der Krieg als Instrument der Macht, des Fanatismus und des Kapitals, wobei Einzelschicksale eine beinahe unbedeutende Rolle für die Verantwortlichen des Massakers auf der Bühne des Terrors und der Gewalt einnehmen und das vom Krieg nicht gebeutelte außenstehende Publikum erkennt dabei meist nie wirklich die grausamen Zusammenhänge der schrecklichen Handlung und ihrer unveränderlichen Konsequenzen des Leids und der Zerstörung.

Daher präsentiere ich dem Publikum eine Frau auf dem Verhandlungstisch liegend, eingeschnürt in Plastikfolie, überhäuft mit blutigen Eingeweiden und zusätzlich befindet sich ein Zettel neben dem Opfer mit der Botschaft: „Nur über meine Leiche".

Die Stühle am Verhandlungstisch bleiben trotz der Erfahrung des Todes unbesetzt, und es entsteht dadurch die altbekannte Frage: „Warum"?

Hierbei besteht keine Notwendigkeit, ein zweites Mal hinzuschauen, da die Seelen der Verlierer bereits aufgefressen wurden und man begreift: „Die Geschichte des Krieges ist ein gieriges und unersättliches Monster".

Deshalb ignoriere nie die Folgen des Krieges und vergiss nie zu sagen: „Der Maßstab meiner Betrachtung bleibt stets der Mensch".

Denn ich entziffere mit den Folgen des Krieges das Schicksal des Menschen und klage mit diesen abschließenden Worten die Verantwortlichen des Krieges an.

Die Logik des Krieges

Häufig wird das Argument verkündet: „Der Krieg ist notwendig geworden, um Terror und Leid ein Ende zu setzen".

Nun hagelt es Bomben und Schüsse, versetzt Dörfer, Städte und Menschen in Angst und Schrecken, Frauen, Kinder und alte Leute dienen als Schutzschilde, zig von ihnen werden dabei getötet, alles in Schutt und Asche gelegt, Massen auf der Flucht und die Klagen der unschuldigen Opfer wollen und können einfach nicht verstummen: „Warum bombardiert man uns"?

So demonstriert die Situation Hilflosigkeit, da es für die Verantwortlichen offensichtlich keinen anderen Ausweg als die Gewaltanwendung zu geben scheint, um klarzumachen, dass der Krieg abscheulich ist.

Zugegebenermaßen, es wäre fatal die Augen vor Terror und Leid zu verschließen.

Dennoch verwirrt der Krieg den außenstehenden Betrachter, da dessen Logik nicht erkennbar ist, und er fragt sich: „Gewalt, um vor Gewalt zu warnen"?

In jedem Fall wird eines sichtbar, der Krieg ist eine Niederlage der Menschheit, wobei es keine Gewinner, sondern nur Verlierer gibt: die Menschen.

Der Krieg des Terrors (11.09.2001)

Unvorbereitet lassen Schrecksekunden die Welt erzittern, und die globale Medienwelt macht uns zu Augenzeugen einer Apokalypse des Terrors, wo tausende unschuldige Menschen grausam sterben müssen.

Die Situation wird gespenstisch, da wir uns nun auf ein Schlachtfeld des unsichtbaren Krieges begeben, und der Ausnahmezustand, der quasi eine Rückkehr in die sogenannte Normalität des Alltags fast unmöglich macht, wird ausgerufen.

Ein Gefühl der Ohnmacht, der Wut, der Überforderung, der Verzweiflung und der Verwundbarkeit entsteht, die eine kaum kontrollierbare Panik auslöst, wobei beispielsweise Aktienkurse in den Keller stürzen, die zunehmende Arbeitslosigkeit die Existenz bedroht und eine wirtschaftliche Rezession zu einer bevorstehenden Konsequenz wird, sodass materielle Werte, die zuvor hoch im Kurs standen, dramatisch an Bedeutung verlieren.

Stattdessen verstärkt sich mehr und mehr die Sehnsucht nach Sicherheit und Geborgenheit, sodass die Politik die Gunst der Stunde nutzt, um den Überwachungsstaat zu installieren, wobei natürlich die Frage entsteht: „Ist der gläserne Mensch im Jahrhundert der Globalisierung tatsächlich die Lösung oder doch nur ein Ausdruck der Hilflosigkeit"?

Das Gefühl der Angst und der Trauer lässt sich hierbei nur schwer in Worte fassen, da auch Selbstzweifel sichtbar werden, die man vorher nicht kannte, und es stellt sich die Frage: „Warum haben wir so viele Feinde"?

Ob diese Frage ein Zeichen der Hoffnung wird, wo alle Betroffenen sich an den Tisch der Vernunft setzen werden oder nur der Ruf nach Vergeltung seine Gültigkeit behält, der letztlich nichts an der Situation ändert, kann muss uns die Zukunft sagen, die jedoch noch ungewiss ist.

Die Angst vor Veränderungen

Nun frage ich mich: „Herrscht Unbefangenheit auf unserer Welt"?

Die Antwort lautet; „Nein, im Gegenteil, Voreingenommenheit, ausgelöst durch Konflikte".

Stets höre ich nur: „Alles muss so bleiben, wie es ist, da es immer so war".

Jedoch diese starre Haltung schließt meines Erachtens eine vernünftige Diskussion aus.

Daher entsteht mehr und mehr eine nie verschwindende Angst, vor allem, was neu ist und macht notwendige Veränderungen quasi unmöglich.

Die Konsequenz ist, alle Konflikte bleiben ungelöst, und ich frage mich: „Warum hat der Mensch eigentlich Angst vor notwendigen Veränderungen"?

Die Frage nach dem Ego

Soviel ist jedem von uns bewusst, das Ego ist das Universum unseres Daseins.

„Ist Egoismus daher ein Zeichen der Verantwortung oder sogar der Weg zum Glück"?

„Kann in diesem Zusammenhang das Ego auch als absolute Selbstlosigkeit gesehen werden"?

Vielleicht kann das Streben, ein guter Mensch zu sein, letztlich nur den Zweck dienen, sein eigenes Ego zu befriedigen.

Die Betrachtung von GUT und BÖSE verschwimmt jetzt vor unseren Augen und was richtig oder falsch sein könnte, lässt sich kaum noch voneinander trennen.

Denn der Egoismus könnte durchaus eine Notwendigkeit sein, mit seinen Mitmenschen besser auszukommen, aber meist scheitert der Mensch an seiner eigenen Widersprüchlichkeit, die unmittelbar mit seinem Ego verbunden ist.

Das Ego

Der Mensch spürt von allen Seiten den Ellenbogen der
Gesellschaft.

Die daraus resultierenden gesellschaftlichen Zwänge trei-
ben den Menschen dazu, sich den Weg nach vorne freizu-
kämpfen.

Die notwendige Antriebskraft, die jeder dabei in sich
fühlt, ist sein Ego.

Abhängig von der Persönlichkeit eines einzelnen Men-
schen offenbart das Ego seine vielschichtige Natur, wobei
erfahrungsgemäß der eine eher stark und der andere weni-
ger egoistisch handelt.

Nun zeigt uns die Praxis des Lebens, dass das Ego ein
Trieb zur Selbsterhaltung ist.

Aber Vorsicht, verliere nie die Kontrolle über dein Trieb
zur Selbsterhaltung, sonst spielt er Dir einen Streich und
führt zur Selbstzerstörung!

(Inspiriert durch Michael Passing)

(Sommer 1999)

Der Egotrip

Die Zivilisationskrankheit hinterlässt unübersehbar ihre
Spuren.

Wohlstands- und Besitzstreben stehen hierbei zweifelsfrei
im Vordergrund.

Nichts davon wird infrage gestellt.

Gedankliche Bequemlichkeit und Ignoranz fördert dabei
unausweichlich unser Sitzfleisch.

Selbstbeschäftigung wird dadurch das zentrale Lebens-
motto unserer Zeit.

Nichtstimmige Ich-AGs sind die fatale Konsequenz unse-
res heutigen Bewusstseins.

(Sommer 2015)

Der Dschungel des Lebens

Vor uns befindet sich ein beinahe undurchdringlicher Dschungel, der zu Beginn neu und unbekannt ist.

Mache Dir bewusst, jeder Mensch, der versucht sich der Herausforderung des Dschungels zu stellen, kämpft um das Überleben.

Dieser Dschungel beinhaltet eine Vielzahl von fremden Gefahren wie steinige Wege, die einen unüberwindbar vorkommen, Fallen, die nicht sichtbar sind, wilde Raubtiere, die auf ihre Beute lauern oder andere Menschen, die versuchen Dir die Nahrung zu entreißen, um selbst etwas zu essen zu haben.

Beim Durchqueren des Dschungels muss jeder daher die Gesetze der Natur erlernen!

Erlernt der Mensch sie nicht, so befindet er sich auf einem verhängnisvollen Irrweg.

Das Ziel des Überlebens wäre unerreichbar und der Kampf verloren.

(Inspiriert durch Torge Eipper)

(Winter 1999)

Der Kapitalismus und seine Bedeutung

„Ist Kapitalismus tatsächlich eine Ideologie der unbegrenzten Möglichkeiten, die uns zum Glück führt"?

Kapitalismus ist in jedem Fall die gesellschaftliche Verpflichtung, Geld verdienen zu müssen.

Dabei ist Kapitalismus der Kampf um Anerkennung in der Gesellschaft durch die erhöhte Bereitschaft zum Konsum, da uns die Medien ununterbrochen das Gefühl suggerieren, dass gewisse Statussymbole wie beispielsweise das heißbegehrte Auto, der geliebte Schmuck oder die langersehnte Traumvilla unverzichtbare Identifikationsfaktoren darstellen und zwar unabhängig von tatsächlichen Wahrheitsgehalt dieser Botschaft, nur um den Motor, genannt Wirtschaftskreislauf, stets und ständig in Betrieb zu halten.

Daher ist Kapitalismus die Erzeugung von Abhängigkeiten, um eine stärkere Anbindung eines jeden Einzelnen an die gesellschaftlich vorgegebenen Strukturen zu erreichen, mit dem Ergebnis der ständigen Unzufriedenheit, da der Zwang geschaffen wird, dass jeder unbedingt das neueste von Neuesten haben muss, um letztlich auf die gewünschte Akzeptanz der Allgemeinheit zu stoßen.

Kapitalismus wird deshalb mehr und mehr zur Ausbeutung der menschlichen Seele durch Überbetonung gesellschaftlicher Oberflächlichkeit, die sich insbesondere durch den systemgesteuerten Aktionismus, nämlich immer mehr

Vermögen oder Besitztümer anhäufen zu müssen, ausdrückt.

Somit ist Kapitalismus ein Ausdruck einer maßlosen Selbstüberschätzung mit fehlender Fähigkeit zur Selbstkritik und stellt nicht unbedingt eine Notwendigkeit für Glück und Zufriedenheit dar, sondern ist vielmehr ein Anzeichen für eine seelische Selbstzerstörung mit der Konsequenz, dass die Individualität des Menschen durch die Anpassung an das kapitalistische System verlorengeht.

(Inspiriert durch Torge Eipper/ Reinhard Klos)

(Frühjahr 2000)

Das Streben nach Besitz

Der Wohlstand ist geboren und wird zur Selbstverständlichkeit.

Die materiellen Werte vereinnahmen unser Leben.

Ein Leben ohne diese Dinge ist nicht mehr vorstellbar und werden Teil unserer Identifikation.

Keiner fragt mehr: „Warum"?

Vielmehr wird die Unfreiheit zur Freiheit erklärt.

Was letztlich bleibt, ist die Angst, sie wieder zu verlieren.

(Inspiriert durch Angelika Winter)

Die Konsumgesellschaft

„Die Menschen wissen nicht mehr, was sie mit sich anfangen sollen"?

„Ist unser System nur noch eine Spaß- und Konsumgesellschaft"?

Tatsache ist, meist befinden wir uns auf dem Jahrmarkt der Eitelkeiten, der sich durch die jeweils vorgegebene Mode und dessen Massenkonsumtempel definiert.

Diese Eitelkeiten bestimmen unser Leben erschreckend stark, oft bewusst von System gewollt, allerdings ohne dass es uns selbst tatsächlich klar wird.

Dadurch verschwindet die Individualität des Menschen, keiner kennt mehr wirklich den anderen, Gefühlsarmut und Distanz entsteht, die Nachdenklichkeit ist abhanden gekommen und jeder ist nur noch mit sich selbst beschäftigt, sodass die Frage entsteht: „Besteht unsere Welt nur noch aus dressierten Konsumaffen"?

Auf jedem Fall darf niemand sich dieser gesellschaftlichen Entwicklung der fehlenden menschlichen Tiefgründigkeit kampflos fügen, und daher kann man nur noch sagen: „Beuge Dich nie dem Konsumterror, unterwerfe Dich nie der Modediktatur und bewahre Deine eigene Identität"!

(Inspiriert durch Reinhard Klos)

Die Bundesagentur für Arbeit
(Zukunftsaussichten)

Die Bundesagentur für Arbeit ist der Beweis: „Leistung
zahlt sich immer aus".

Hierbei haben die Beschäftigten ihre Arbeitsplätze über
Jahre hinaus gesichert.

Denn die Bundesagentur für Arbeit verfügt aktuell über
mindestens 3,5 Millionen Kunden.

Tendenz: weiter steigend.

Somit steuert das Unternehmen wieder auf einen Rekord-
kurs zu.

„Ist dieses Unternehmen daher nun eine Zukunftsper-
spektive für ganz Deutschland"?

(März / 2009)

Bankenkrise

Eine Sensationsmeldung schlägt ein wie eine Bombe.

Es gibt einen dramatischen Rückgang der Banküberfälle.

Daher weist die Kriminalitätsstatistik ab sofort bessere
Zahlen aus.

Grund: Zahlungsschwierigkeiten der Geldinstitute.

Fazit: Verbrechen zahlt sich nicht immer aus.

„Ist dies eine Erfolgsgeschichte für Deutschland und die
Welt"?

(März / 2009)

Klappentext und Autorenvita

Der Autor Jan Kern, Jahrgang 1968, lebt und arbeitet in Hamburg. Er ist Industriekaufmann, Dichter und Kunstmaler. Seit 1998 begann er seine Erfahrungen und Beobachtungen in Form von Gedichten aufzuschreiben.

Mit diesen Gedichten werden die Leser angesprochen, die bereit sind, sich kritisch mit Fragen zur Umwelt, zur Gesellschaft und sich selbst zu beschäftigen. Daher kann hier das Motto nur noch lauten: „Stellen Sie sich nun der Konfrontation und lesen Sie das Buch!"

Auch erhältlich

Thomas Sichelschmied
Marsdämmerung

2087, der Kontakt zur Relaisstation MZ-4 auf Phobos, dem größeren der beiden Marsmonde, ist abgebrochen. Alle Versuche, die Probleme von der Erde aus zu beheben, schlagen fehl. Ein Schiff mit Technikern an Bord wird entsandt. Unter ihnen befindet sich auch Simon Hauser, ein Wartungsarbeiter für Ibu-Profatoren. Wobei Profatoren nur wenig mit solaren Sendeanlagen gemein haben und er sich schon fragt, weshalb man gerade ihn für diesen Auftrag ausgewählt hat.

Angekommen auf MZ-4, finden sie die Station verlassen vor. Gravitation und Sauerstoff sind noch intakt. Auf den Gängen verstreut, liegen bizarre fleischliche Gebilde und lange Schlieren, wie von Raubtierkrallen gezogen, verlaufen im Stahlkomposit der Wände. Was auch auf MZ-4 geschehen sein mag, es ist nicht gut ausgegangen.
Doch erst als die Veränderungen beginnen, erkennen Hauser und seine Kollegen, in welchen Albtraum sie tatsächlich geraten sind.

Marsdämmerung – eine Hommage an die blumigen 3-D-Spiele der 90er-Jahre